FULL SCORE

WSJ-18-018
〈吹奏楽J-POP楽譜〉

うたエール

北川悠仁、蔦谷好位置　作曲
郷間幹男　編曲

楽器編成表		
木管楽器	金管・弦楽器	打楽器・その他
Piccolo	B♭ Trumpet 1	Drums
Flutes 1 (& *2)	B♭ Trumpet 2	Timpani
*Oboe	*B♭ Trumpet 3	Percussion 1
*Bassoon	F Horns 1 (& *2)	...Tambourine
*E♭ Clarinet	F Horns 3 (& *4)	Percussion 2
B♭ Clarinet 1	Trombone 1	...Cabasa,Maracas or *Cabasa,
B♭ Clarinet 2	Trombone 2	Wind Chime
*B♭ Clarinet 3	*Trombone 3	Percussion 3
*Alto Clarinet	Euphonium	...Xylophone,Glockenspiel
Bass Clarinet	Tuba	
Alto Saxophone 1	Electric Bass	
*Alto Saxophone 2	(String Bass) ※パート譜のみ	Full Score
Tenor Saxophone		
Baritone Saxophone		

＊イタリック表記の楽譜はオプション

ご注文について

ウィンズスコアの商品は全国の楽器店、ならびに書店にてお求めになれますが、店頭でのご購入が困難な場合、当社PC&モバイルサイト・FAX・電話からのご注文で、直接ご購入が可能です。

◎当社PCサイトでのご注文方法

http://www.winds-score.com
上記のURLへアクセスし、WEBショップにてご注文ください。

◎FAXでのご注文方法

FAX.03-6809-0594
24時間、ご注文を承ります。当社サイトよりFAXご注文用紙をダウンロードし、印刷、ご記入の上ご送信ください。

◎電話でのご注文方法

TEL.0120-713-771
営業時間内にお電話いただければ、電話にてご注文を承ります。

◎モバイルサイトでのご注文方法

右のQRコードを読み取ってアクセスいただくか、URLを直接ご入力ください。

※この出版物の全部または一部を権利者に無断で複製(コピー)することは、著作権の侵害にあたり、著作権法により罰せられます。

※造本には十分注意しておりますが、万一落丁乱丁などの不良品がありましたらお取替え致します。また、ご意見ご感想もホームページより受け付けておりますので、お気軽にお問い合わせください。

Piccolo

うたエール
ゆず

北川悠仁／蔦谷好位置　作曲
郷間幹男　編曲

Bassoon

うたエール
ゆず

北川悠仁／蔦谷好位置　作曲
郷間幹男　編曲

Baritone Saxophone

B♭ Trumpet 2

うたエール
ゆず

北川悠仁 / 蔦谷好位置 作曲
郷間幹男 編曲

Trombone 3

うたエール
ゆず

北川悠仁 / 蔦谷好位置　作曲
郷間幹男　編曲

Timpani

うたエール
ゆず

北川悠仁／蔦谷好位置 作曲
郷間幹男 編曲

うたエール
ゆず

Percussion 1
Tambourine

北川悠仁 / 蔦谷好位置 作曲
郷間幹男 編曲

うたエール
ゆず

Percussion 3
Xylophone, Glockenspiel

北川悠仁 / 蔦谷好位置 作曲
郷間幹男 編曲

MEMO